AF400116

Le nénuphar en fait trop

Marie-Louise Montignot

© 2024 Marie-Louise Montignot
Édition : BoD – Books on Demand, info@bod.fr

Impression : BoD – Books on Demand, In de Tarpen 42,
Norderstedt (Allemagne)

Impression à la demande
Illustration : Marie-Louise Montignot

ISBN : 978-2-3225-0219-6
Dépôt légal : Mars 2024

Mon coude pour oreiller
Je m'aime
Lune voilée

Buson

Steppes sous la lune

draps.

Marie-Claire Bancquart

Palourde distraite
restée bouche ouverte
qui soudain se ferme

Kenshin

Nymphéas de lumière

lait de l'aube
persiennes entr'ouvertes
sur les oiseaux

l'hélicoptère décolle
aussi ailée que son nom
l a l i b e l l u l e

clignotant
sur les vaguelettes
nymphéas de lumière

entre les immeubles
trois battements de paupière
grues cendrées

délavé l'avis de recherche
scotché aux chanlattes
Chacun cherche son chat

régime bikini
sa salade retourne toute seule
au jardin

imitant Monet
le nénuphar
en fait trop

coupe à la kokeshi
le saule avant
les frisettes de printemps

elle dort
dans tellement de cheveux

quatre à quatre le rondo
dégringole les touches
Chopin a 18 ans

multiples lectures
je n'arrive pas à écrire
autrement que comme moi

fin de la série
je ne fais plus partie
de la famille

à son cri ma première hirondelle

plan climat blablabla
je m'offre un bijou
cétoine sur églantine

pas de place

pour les mauvaises pensées

ikebana

en matière d'habillement
la pie moins radicale
que le corbeau

rose
trop belle pour une bretelle
de l'autoroute

jeunesse se passe
cabrée sur une roue
de mobylette

petite feuille de marronnier
Lou trace le contour
de sa main

trois voyages resteront rêves
Monet n'est pas allé
au Japon

kanjis qui courent
font de la gym patinent
dynamiques !

V à géométrie Variable
quand passent les grues cendrées

au deuxième
elle secoue ses draps
les fleurs du prunier s'envolent

retour du chat fugueur
la crémerie doit être bonne

prairie fleurie
un bourdonnement têtu
l'autoroute

vite___lepremiertrainpourlacôtebasque___trio de Ravel

un vrai régal piqué sur une branche la lune à la vanille

Plus de saisons

nous parlons
de la pluie qui pleut pas assez
et du beau temps trop trop

l'été dépasse les bornes

redéfinition

canicule ça craque ça grince les arbres arthrose

sur le trottoir gugusses à la craie
surpris
par la pluie d'orage

la lune
bilboquet
sur la crique

lune
tire-nous la langue
tu sais bien le faire dans un film

troupeau de balles de paille
n'ayant plus rien à brouter

la maison brûle
je cours
chez Ozu

les moustiques
remplissent l'espace
entre ses boutons
de varicelle

hibiscus
fascinant
son rouge à lèvres
trop rouge

fermeture éclair
encore une occasion
de lui toucher le dos

verre à la main
autour d'elle
le son s'enroule

tortillon attrape-mouches
une pub
vient se coller au curseur

canicule
mais déshabille-toi
mon chat

deux minutes de pluie
trois minutes de soleil en moins
c'est toujours ça

luxe gratuit
Tilleul
N° 5

dans le sillage
d'un fumeur d'herbe
les tilleuls sont en plus

e x t a s e
on peut aller jusque là
sous les tilleuls en fleur

effluves de tilleul et pizza
s'il fallait choisir j'

tilleuls tilleuls je me pâme
au parc une vieille femme
fait les poubelles

fin juin les tilleuls perdent leurs tisanes

tirsdemitraillettelesjeunesontlaparole

coup dur pour la vitrine toile d'araignée géante

regard dans le vide
up and down
mâchoire sur chwinnegomme

14 juillet
son visage retombe
indéchiffrable

matin ouvrable
l'escalier dit
sept heures moins le quart

ma **M**aison
devenue *un produit*
loi du marché

Graphiques du cœur

soudain
tous les parapluies
retournent leur veste

sacs et tout
je me regroupe
sous un parapluie estropié

cœur sous ordonnance
il ne va pas faire long feu de tout bois

clouée aux urgences
Benny Goodman m'enlève
sur sa clarinette

finies vies de stars recettes piquées
écran écrans
en salle d'attente

par tous les bouts
le corps lâche
une gamine dans la tête

jumelles jusque dans parkinson

j'ai ouvert
l'œil de la nuit
il y en avait du monde

images du monde flottant pour deux gouttes de collyre

tous les ingrédients
dans la marmite
pour réussir une insomnie

râpez du citron
sur la pâte
mahonia en fleur

causette d'escalier
une énième fois
la minuterie

fucus vésiculeux
blister de médoc
pop

super lune
combien de bonnes nouvelles
sortent du labo

sixième couture sur la peau
bleu ciel incisé par avion

covid le retour
aux jets d'eau joie des enfants
contagieuse

chaussure miniature
sa première fève
une collection

nuit noire
au théâtre des rêves
mes morts ressuscitent

un pied dans la tombe l'autre
                              ne suit pas

Paris intra-muros
inabordable le m²
au cimetière

une vie sans nous voir
ses traits passés
au bain révélateur

temps variable
entre l'intention
et le lever

deux ans déjà dans ses yeux ma tête un coup de vieux

son âge désormais en *aurait eu*

bancs en enfilade
une brochette de vieux
chauffe au soleil

cheveux blancs et caddie
sésame
pour une place assise

champ de ruines fertile en photos primées

Chut les feuilles

à l'horizon le ciel peut
— —
se plier sur la mer

longues plages de temps
the sea hors season

le ramdam des vagues
noie le raffut des moteurs
enfin presque

marée montante
réveil des bateaux
sur le flanc

petit poisson plein de poison
qui te prêtera longue vie

ciel maquereau
chez les uns
d'autres y voient des moutons

jamais assez salée
la mer envoie ses vagues
lécher des pierres

record en apnée
les noms mettent plus longtemps
à remonter du trou

éclipse de montagne
dans le brouillard
la frontière

sentier alpestre
toutes les pensées s'orientent
vers le pied droit

dans la futaie
je ne peux pas ne pas
tiens-toi droite

chute des feuilles
chut les feuilles
les oies sauvages

le soleil fait son show
il se laisse doucement
couler dans l'océan

crêpe dentelle précoce l'automne des feuilles

flirtant autour de la noce lune des moissons

couché sous les tournesols mûrs
inquiétants pommeaux de douche

cheveux de momie enroulés dans le pot buis sec

nuages sur les crêtes
neige
imaginaire

pluie diluvienne
grimpers de corde
avant qu'elles ne cessent

dans la flaque
une plume
est venue boire

ginkgo dévêtu
rien que la couleur des feuilles
lui tient chaud aux pieds

la soupe aux poireaux
reportée
rendez-vous galant

oignon rouge
que de jupons
à enlever

coiffure en sillons où mürissent les maïs

la bogue commence à s'ouvrir
sur un œil marron tout brillant

ramassage des châtaignes
il se met en boule
le hérisson

là-bas   sous les arbres
le meilleur endroit
pour le merle mort

oubliée dans le parapluie en vrac la pluie d'hier

fleur en bouton
rien ne laisse présager
la couleur de fin

. . . . .
. . . .
. . . . .

. . . . .
. . . .
. . . . .

septembre
un parfum de revenez-y
tilleul henryana

Sept couleurs hissées

midi
une baguette passe
sans croûton

au bout de la tartine
un croissant
de dents

nénuphar géant
fournisseur officiel de tartes
pour les ogres

enfant au bord de la parole
l'arbre se dessine dans la feuille

pour mieux retenir ses lettres
il les mange
en soupe

front effleuré par le pompon
il n'a d'yeux
que pour sa voisine

par pudeur
elle l'aime
à travers son fils

lumière douce
il prend un air de madone
en lui donnant le biberon

ferme la f'nêtre
à l'espagnolette
plus personne ne (me) le dit

que peuvent donc se dire
ces deux piverts
à l'aide Turing

télécommandés
courbant l'échine
devant smartphone

bien fait d'attendre
sur une branche
un écureuil ondule

un chien arrive
en BMW
besoins urgents

suivant la pente
graffitis asémiques
à la pisse de chien

le chat gris bête noire du voisinage

un aimant nommé Paris
le train fonce
vers l'Histoire

fatiguées du voyage
elles s'épaulent
dans le vase

debout sur la tête
la maison se marre
dans l'étang

sept couleurs hissées
le ciel soutient
LGBT etc

god allait se montrer
ah l'ensorceleur
l'encens

aspirée par la nef
pour un peu je croirais
mais diable à quoi